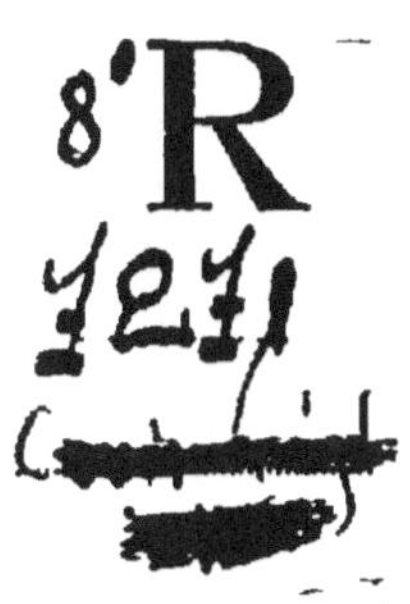

CERCLES CATHOLIQUES D'OUVRIERS

GUIDE

DES

FONDATIONS

PREMIER FASCICULE

IMPRIMERIE COOPÉRATIVE DE REIMS, RUE PLUCHE, 24

(N MONCE del.)

Janvier 1886

GUIDE DES FONDATIONS

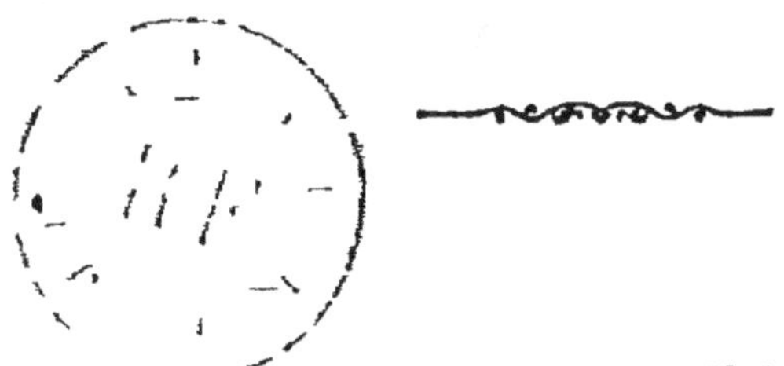

PREMIER FASCICULE

AVANT-PROPOS

1. — Je veux commencer ces avis par une parole de tendre affection et de vive reconnaissance pour mes chers confrères, tant ceux qui font beaucoup que ceux qui font moins; les gens qui ne font rien sont les seuls qui soient blâmables. Je serais donc désolé que la présente instruction portât le découragement dans le cœur d'un seul de nos amis. Tout ce que nous allons exposer est déjà fait, partie dans une ville, partie dans une autre; tout est donc faisable. Mais le programme complet ne pourra être atteint que par la persévérance. Je conjure donc mes chers confrères de faire de temps en temps un examen de conscience, en considérant ce qui reste à faire pour atteindre le but complet et de travailler avec un nouveau courage, en s'appliquant à un point d'abord, puis à un autre, sans embrasser trop à la fois.

2. — Qu'on me permette de rappeler deux vérités : La première, c'est qu'avec Dieu nous pouvons tout ; la foi est la base de notre force ; c'est le manque de foi qui amène le découragement ; c'est la foi qui donne de saintes audaces ; elle fait franchir des obstacles qui ne sont insurmontables que pour ceux qui n'ont pas essayé. La seconde vérité, c'est que nous laissons perdre beaucoup de forces sociales, faute du travail nécessaire pour les découvrir et les mettre en activité.

Don Bosco affirme que le tiers des hommes ont la vocation religieuse ou sacerdotale. Aussi son œuvre a-t-elle pour but principal de rechercher ces vocations abandonnées, soit par la négligence des hommes, soit par l'incurie des sujets.

Ne pouvons-nous en dire au moins autant du dévouement ? Ne pouvons-nous pas affirmer, d'après les indices qui se font jour en certaines circonstances plus importantes, que, dans tous les rangs de la société, il y a un nombre considérable de dévouements sans emploi, et qu'une recherche intelligente pourrait découvrir et utiliser ?

Nous ne pensons pas être téméraire en affirmant que, dans chaque ville, il y a beaucoup d'hommes, beaucoup de dames qui pourraient nous rendre les plus grands services ; ils ont le temps, ils sont doués de toutes les qualités nécessaires pour faire marcher nos œuvres. Ils ne font rien parce qu'ils ne savent pas, parce qu'on n'est pas venu les chercher, parce qu'on ne leur a pas montré les horizons merveilleux de l'apostolat, parce qu'on n'a pas éveillé leur enthousiasme sur cette mission divine, que l'homme accepte quand il se fait le coopérateur de Jésus-Christ. C'est à nous, à notre activité incessante, de découvrir ces forces sociales ignorées, pour en faire des auxiliaires actifs de nos œuvres. Nous ne pouvons rendre de plus grand service à notre prochain que de l'amener à l'insigne honneur de rendre la Rédemption plus féconde, en travaillant au salut des âmes rachetées par le sang de Notre Seigneur. Nous voyons tous les jours les hommes de bien succombant sous le poids des charges croissantes, imposées aux cœurs généreux par les malheurs du temps présent, et nous gémissons du peu de soin qu'ils prennent à chercher des auxiliaires, qui multiplieraient leur action et leur permettraient de décupler le bien qu'ils font.

Quoi qu'il en soit, s'il est un seul de nos lecteurs qui soit tenté de découragement, je lui demanderai instamment de ne pas renoncer au bien commencé, si petit qu'il soit, car ce sera plus tard pour lui une grande joie d'avoir appartenu à l'armée de Dieu ; ce sera la gloire de ses fils, la bénédiction de sa génération, et pour lui-même ce sera le grand motif de ses espérances éternelles.

PLAN DU TRAVAIL.

3. — L'avenir appartiendra à celui qui saisira le peuple, c'est-à-dire l'ensemble de la classe des travailleurs.

Nous nous sommes mis au service de notre Mère la sainte Eglise catholique pour la servir dans cette conquête. Nous voulons poursuivre les développements auxquels notre Œuvre a été appelée depuis sa fondation, suivant le § 31 de l'Instruction.

Nous parlerons spécialement de la propagande à l'extérieur et à l'intérieur. L'esprit de propagande est essentiellement le souffle catholique. L'apostolat n'en est que l'application pratique.

Tournons nos efforts de ce côté, tant dans le monde qui est en dehors de nous et au milieu duquel nous vivons, que dans l'intérieur même de nos associations. Nous obtiendrons des résultats certains, et nous ferons une action vraiment catholique.

Mais en faisant pénétrer notre action dans des

milieux où elle n'a pas encore fait sentir son influence, prenons garde d'exposer notre Œuvre à perdre son homogénéité. Au contraire, nous devons être d'autant plus étroitement unis à Dieu et entre nous que nous avons besoin de nous répandre davantage.

Nous nous occuperons tout d'abord des villes. Nos amis des comités ruraux y puiseront ce qui sera pratique pour eux sans se contrarier de rencontrer des détails d'application impossibles à la campagne. Il ne faut pas cependant qu'ils acceptent à la légère l'idée trop répandue que, dans les cercles ruraux, les institutions économiques et autres sont impossibles ; au contraire, les faits démontrent pratiquement qu'avec de la volonté et de la persévérance, on peut établir à la campagne les institutions sociales qui font vivre l'Œuvre par ses propres forces, qui améliorent le sort matériel et moral de ses membres, qui donnent à un syndicat agricole ou à une association paroissiale l'intérêt palpitant procuré aux membres par la gestion des institutions d'intérêt commun.

4. — Nous diviserons ce travail en six parties correspondantes à la division du travail établi dans l'Œuvre, savoir :

I. — Des Sociétés populaires, qui doivent être l'objectif de notre propagande par la Ire section du secrétariat général de chaque comité ;

II. — Des Associations de l'Œuvre, objet des soins de la II° section ;

III. — Des Institutions économiques, qui ressortissent de la III° section ;

IV. — De l'Instruction des sociétaires et des ouvriers, confiée à la IV° section ;

V. — Des Associations et réunions annexes aux comités locaux.

VI. — Des visites.

TITRE PREMIER.

Des Sociétés populaires.

5. — Nous rencontrons tout d'abord les associations inspirées par la haine de Dieu et de la société, celles qui travaillent ouvertement à détruire la foi dans les âmes (la Franc-Maçonnerie et ses nombreuses fondations) ; nous les appelons *Associations hostiles*.

Viennent ensuite les groupements philanthropiques, et ceux qui ont un but humanitaire, sans parti pris contre la religion ; ce sont les *Associations indifférentes*.

Avant nous et autour de nous se sont fondées des œuvres catholiques dont un grand nombre sont florissantes ; elles travaillent au même but que nous ; ce sont les *Associations chrétiennes*.

1° — Associations hostiles.

6. — L'action de la propagande est la plus importante ; elle est cependant la moins comprise. Il n'est pas rare de voir des comités, tellement en dehors du mouvement populaire produit autour d'eux, qu'ils ne peuvent répondre aux questions les plus simples, comme par exemple : Combien y a-t-il de syndicats ouvriers dans votre ville ? Quel est le nombre de leurs membres ? Quelle est leur influence ?

Quand deux armées sont en présence, quand les escarmouches sont si fréquentes qu'elles se produisent tous les jours, que penser d'un conseil de guerre qui ne s'intéresserait en aucune façon aux mouvements de l'ennemi, et qui bornerait son activité au soin de ses propres troupes ? Une armée ainsi commandée serait vouée à une défaite certaine ; les embûches, les surprises, en auraient vite raison.

7. — N'est-ce pas là notre histoire ? Et si nos efforts n'ont pas eu plus de succès, ne faut-il pas l'attribuer à ce défaut de vigilance, qui nous fait combattre l'ennemi sans connaître ni ses positions, ni ses forces, ni ses projets ?

N'avons-nous pas rencontré des comités embarrassés pour occuper les dévouements qui leur sont offerts ? ils piétinent sur place, cherchant quelque chose de nouveau sans rien trouver. Il en serait tout autrement si nous nous appliquions à connaître nos adversaires, à étudier leurs manœuvres, à suivre leur action. Plus cette connaissance sera complète, nouvelle, et tenue au courant au jour le jour, plus elle inspirera les moyens, les institutions les plus propres à combattre le mal à mesure qu'il se produit : *Fas est et ab hoste doceri.*

8. — Ce premier point est, il est vrai, le plus difficile, mais il est aussi le plus important. Il faut donc choisir les membres les plus zélés de la première section du comité pour cette recherche. Chaque mois, ils en rendront compte aux séances : ils donneront le bilan de la Franc-Maçonnerie, mère et maîtresse de toutes les associations anti-chrétiennes; la situation des groupes révolutionnaires et socialistes, le champ de leur action, désigneront les usines et les quartiers de la ville où cette action est plus forte, les cafés où se tiennent les réunions, les institutions fondées, les moyens de séduction, les secours distribués, les progrès ou la décadence; ils donneront l'histoire des grèves et des chômages, leurs origines et leurs conséquences.

9. — Cette investigation doit s'exercer également sur les syndicats organisés par les politiciens pour asservir le peuple. 'Les dernières enquêtes, et l'étude de faits récents dans plu-

sieurs villes, ont démontré l'infinitésimale importance numérique des syndicats qui sont parvenus à gouverner les métiers et à imposer leur volonté et leurs tarifs. Des syndicats, composés de quelques individus, font la loi à des centaines d'ouvriers de métier dans une ville, par cela seul qu'ils sont organisés et que les autres ne le sont pas. L'observation de ces faits aurait prouvé à nos confrères qu'il est possible, avec nos cercles, d'acquérir une influence sérieuse, en prenant l'enseigne du métier, au moyen d'un très petit nombre de nos ouvriers, habiles dans la profession.

Il y a là une démonstration éclatante de la puissance d'une organisation sur la multitude des individus isolés. Les faits le prouvent surabondamment : ce n'est pas le nombre qui fait la force, mais l'organisation.

10. — Toutes ces statistiques ne peuvent être utilement établies si l'on n'est renseigné par des hommes sûrs, ayant suivi les journaux lus par les ouvriers, et ayant pu se mêler aux réunions qui ne sont pas proscrites par la conscience (expositions ouvrières, écoles professionnelles francmaçonnes et radicales, réunions syndicales et autres). Pour les réunions où un chrétien ne peut assister, on se renseignera au mieux.

11. — Les dames patronnesses sont à même de rendre de précieux services pour ces statistiques,

-et parfois pourraient s'en charger complétement, non par des démarches qui leur seraient personnellement impossibles. mais pour organiser et centraliser les renseignements, les stimuler, et en établir le dossier.

2° — ASSOCIATIONS INDIFFERLNTES.

12. — Connaître le mal dans toute son étendue, dans son origine et dans ses manifestations, telle est la première science à acquérir pour savoir sur quels points doit porter notre action.

La seconde recherche à faire, ce sont·les moyens qui peuvent favoriser le combat, soit en neutralisant des résistances, soit en nous procurant des auxiliaires.

Le Comité s'appliquera donc, en second lieu, à établir la statistique des institutions indifférentes en elles-mêmes, qu'on peut rendre sympathiques, ou dont on peut au moins empêcher l'hostilité.

13. — Telles sont : les sociétés de secours mutuels, les corporations (on donne ce nom dans nos villes à des groupements d'ouvriers du même métier qui se réunissent chaque année pour une fête commune ; la plupart ont encore la coutume de faire célébrer une messe).

Telles sont également diverses institutions

philanthropiques, où la haine de Dieu et la politique radicale n'ont point de part prépondérante (sociétés coopératives de production et de consommation, sociétés d'épargne populaires, etc.)

Telles sont aussi les sociétés d'amusement : gymnastique, orphéon, harmonie, tir, et les jeux de toutes sortes.

Nous pouvons remarquer le soin que prennent nos adversaires à s'emparer de ces groupements, et comme ils savent en profiter pour perdre la jeunesse. Parmi les innombrables sociétés populaires qui ont défilé à l'enfouissement sacrilége de V. Hugo, un grand nombre n'appartenaient pas à l'athéisme ; ils subissaient l'entraînement sans aucune conviction, et auraient suivi, avec un entrain au moins égal, une manifestation contraire. Nous pourrions citer un confrère qui a su utiliser pour le bien les sociétés de cabarets.

14. — Nous avons été témoin, dans une ville importante, du parti qu'on peut tirer de groupements complétement indifférents. Un de nos amis, s'étant fait nommer président honoraire d'une société ouvrière nombreuse, faisait applaudir des discours franchement catholiques, acceptés à cause du ton général économique et de l'affection témoignée aux auditeurs.

Il y a en ce moment, chez les travailleurs, une lassitude des hommes et des choses, qui les met à la disposition du premier venu. Nous devons reconnaître avec chagrin que ces groupements sont abandonnés par les hommes d'ordre, et sont amenés à se laisser conduire, malgré leur dégoût, par les politiciens qui les ont tant de fois trompés. Il faut donc chercher à prendre de l'influence dans ces sociétés, à nous les rendre sympathiques, pour arriver à une sélection des meilleurs éléments et donner la prépondérance au bien.

15. — Toutes ces sociétés ne sont pas des œuvres, il est vrai, elles ne dépassent pas les limites de la propagande; on ne convertit pas à coups de coopération, de musique, de gymnastique et de secours mutuels. Mais des hommes généreux et entreprenants, à la tête de pareils groupements, nous gagneraient beaucoup de travailleurs, et donneraient une ligne générale au moins préparatoire.

16. — On ne peut arriver à un tel résultat sans y travailler assez longtemps d'avance. Il convient de choisir tout d'abord quelques personnes propres à être connues et aimées des ouvriers; il faut ensuite profiter de toutes les occasions pour leur faire gagner les sympathies (réunions, fêtes, pélerinages, etc.)

17. — Dans un centre où la propagande aurait bien préparé le terrain, on pourrait obtenir quelques-unes de ces grandes réunions, usitées dans certains pays étrangers, et qui ont tant d'influence sur les masses.

Quel effet produirait la voix de notre Secrétaire général, s'adressant à une assemblée de plusieurs milliers d'ouvriers, réunis dans la campagne, aux sons joyeux de leurs fanfares! Les âmes honnêtes des travailleurs feraient bien vite écho à la parole d'un homme, dont le zèle pour la cause sacrée de Dieu est le gage certain de la fidélité de son dévouement à la cause ouvrière. C'est ainsi qu'O'Connell a pris sa place d'agitateur populaire et a conduit son peuple opprimé à la liberté.

3° — ASSOCIATIONS CHRÉTIENNES.

18. — Il y a deux sortes de groupements qui peuvent être rangés sous ce titre:

Les institutions du passé, qui sont en décadence, comme les confréries, les pénitents, les frairies, etc.

Les créations nouvelles, comme les patronages, les cercles paroissiaux, les congrégations de femmes et de filles ouvrières, etc.

19. — Pour les premières, il convient d'étudier ce qui est susceptible de résurrection ou simplement d'amélioration.

Trop souvent, la décadence de ces antiques institutions n'a pour cause que l'abandon des classes aisées, dont l'égoïsme redoute la moindre gêne.

Ayons la générosité de venir à leur secours ; faisons nos efforts pour leur rendre l'esprit chrétien qui les animait autrefois. Nous pouvons citer l'exemple de confréries de pénitents qui doivent leur conservation aux coutumes et à quelques priviléges comme : chápelles, hôpitaux, caisses de famille. Les politiciens cherchent à s'emparer de cette force sociale pour la tourner contre son but primitif, c'est-à-dire contre Dieu. Si de vrais chrétiens s'attachaient à lutter contre ces ennemis du peuple, ils auraient bientôt la victoire, parce que nous avons ce qui manque aux politiciens : la persévérance et l'abnégation, qui triomphent avec le temps des défiances et des obstacles.

20. — Ne pourrait-on rattacher à l'Œuvre telle confrérie de pénitents, en la plaçant sous la direction supérieure de quelques membres du comité qui accepteraient les charges de la confrérie ? On ferait participer l'élément ouvrier au gouvernement intérieur, ce qui est essentiellement dans l'esprit des confréries qui sont des institutions démocratiques.

21. — *Créations nouvelles.* Ici, nous rencontrons des malentendus dont nous ne pouvons triompher que par une charité sans bornes, et avec le temps. Nous devons tout d'abord nous persuader que tous ceux qui travaillent à rendre l'ouvrier chrétien font notre œuvre. Efforçons-nous d'en faire des amis, et si nos avances sont repoussées, rentrons, suivant la pittoresque expression d'un de nos confrères, par la fenêtre du dévouement.

22. — Les points qui nous divisent ne reposent que sur des confusions de mots. On s'imagine que l'union enlève la liberté, tandis qu'au contraire, telle que nous la pratiquons, elle est une force sans être une entrave ; elle est donc une source de bienfaits.

Ce qui éloigne de nous certains cercles, c'est qu'on ne comprend pas le comité ; on le considère comme un moyen, et non comme un but : « Mon cercle marche bien sans comité, dit un directeur, pourquoi m'embarrasser d'hommes qui pourront entraver mon action ? » Mais le comité n'est pas une assemblée délibérante, à proprement parler ; c'est surtout une réunion d'hommes agissants ; son action a pour but principal de faire accomplir les devoirs sociaux par les hommes de la classe supérieure, et pour but secondaire de faciliter les œuvres par la division du travail qui multiplie l'action initiale

23. — Tout l'effort de l'Église peut se résumer ainsi : amener les hommes à pratiquer leurs devoirs. Nous ne poursuivons pas d'autre but dans nos associations ouvrières. Pourquoi ne pas procurer aux personnes de la classe supérieure le même bienfait qu'aux ouvriers? C'est pourquoi un comité, alors même qu'il ne rendrait aucun service aux associations ouvrières, serait cependant très utile, s'il rendait à ses membres le service primordial de leur faire pratiquer leurs devoirs sociaux.

C'est dans ce sens que nous pouvons dire du comité, qu'il est un but avant d'être un moyen ; nous voulons dire que sa principale mission est de faire de ses membres des chrétiens complets ; tandis que le secours qu'il apporte aux associations ouvrières n'est que sa mission secondaire. Hâtons-nous de le dire : un comité, qui se donnerait pour but de faire pratiquer les devoirs sociaux par chacun de ses membres, serait par surcroît un instrument fécond de sanctification dans le centre où il agirait.

24. — Nous nous permettons ici d'invoquer la parole de Léon XIII ; il disait à Monseigneur l'évêque de Châlons-sur-Marne : « Que les pas- « teurs fassent comme moi, qu'ils prient, qu'ils « suscitent des laïques religieux; s'il y en a « déjà, qu'ils les attachent à leurs œuvres pas- « torales, qu'ils se servent de leur expérience, « de leurs talents, de leur autorité. Autrefois les « princes étaient nos auxiliaires, et pour ce

« motif, on les appelait *les évêques du dehors;*
« il nous faut, à nous, des évêques du dehors,
« aux curés *des pasteurs du dehors.* Prêtres et
« laïques doivent collaborer, travailler ensemble
« au renouvellement de la foi. » (Lettre pasto-
rale de Monseigneur de Châlons, 1885.)

25. — En ce qui concerne les patronages, il y
a un *modus vivendi* à rechercher. Certains directeurs ne veulent à aucun prix abandonner leurs
enfants avant la conscription. A quoi sert de
discuter s'ils ont tort ou raison ? Ne vaut-il pas
mieux accepter des règles qui sont en dehors de
notre puissance, et nous entendre avec les directeurs pour avoir les jeunes gens après leur service
militaire ? Entretenons avec ces réunions les
rapports les plus affectueux, par des fêtes communes, et par tous les moyens qui peuvent res-
serrer les liens entre leurs associations et les
nôtres.

26. — Il en est de même des associations de
jeunes filles et de femmes ouvrières établies en
dehors de notre action. Nos dames patronnesses
y seront toujours bien reçues, et nous pouvons
aider ces associations en leur envoyant les femmes et les filles de nos sociétaires, comme elles
peuvent nous aider en nous envoyant leurs
maris et leurs frères.

Rien ne sera meilleur, pour atteindre notre

but, que d'organiser des manifestations religieuses générales, communes à nos fondations et à tous les groupements chrétiens de la contrée.

STATISTIQUE.

27. — La statistique bien faite est une lumière, et peut devenir la base de notre action. Pour être bien faite, elle doit être contradictoire. Par exemple, on ne peut apprécier l'exactitude des membres d'un cercle sans connaître, avec le chiffre des présences, celui des absences.

Le nombre des déposants à la caisse d'épargne n'a sa signification que par le nombre de ceux qui s'abstiennent. Le chiffre des dépôts n'a de valeur que par le montant des salaires qui détermine le quantum des épargnes. Dans une ville, l'importance relative du cercle se calcule par le nombre des grandes usines et des petits ateliers représentés, en regard du nombre des usines et des ateliers qui ne le sont pas.

La quantité des familles, dont le chef ou un fils fait partie de notre association, doit être établie conjointement avec la quantité des familles ouvrières de la ville qui pourraient être avec nous.

28. — Un comité qui sait, par ses comptes-rendus mensuels, qu'il réunit au cercle 5 0/0 des ouvriers de la ville, s'efforce d'augmenter ce quantum et d'arriver à 6, 7, 8, 10 0/0 ; la statistique lui fait connaître combien d'ouvriers fréquentent l'église le dimanche, combien ont leurs enfants dans les écoles chrétiennes, et lui montre ainsi les progrès relativement faciles.

Elle lui indique le nombre des ouvriers qui sont enrôlés dans les sociétés anti-chrétiennes, combien sont d'une démoralisation sans remède, combien se conduisent honnêtement bien que dans l'indifférence, et lui fait ainsi connaître le nombre des familles qu'il peut atteindre avec un peu de travail et de persévérance.

Pour la profession. nous devons savoir combien par exemple il y a d'ouvriers en bâtisse dans la ville, combien nous en avons, et, par nos délégués professionnels, rechercher ceux qui ne sont pas avec nous, pour augmenter notre groupe ; et ainsi pour les autres professions.

En un mot, nous devons appliquer la statistique à l'extérieur et à l'intérieur, pour y puiser la connaissance de la vérité, la mesure de nos efforts et le stimulant de notre zèle.

TITRE II.

Des Associations de l'Œuvre.

29. — Les associations de l'Œuvre sont l'objet particulier de notre sollicitude. Nous les diviserons en deux sortes : celles qui sont organisées pour la famille, et celles qui réunissent les hommes (cercles, corporations, etc.)

1° ASSOCIATIONS POUR LA FAMILLE.

30. — Notre but est d'arriver à réunir, dans un ensemble d'associations religieuses, les divers membres de la famille dans l'union des cœurs et l'unité des méthodes.

Patronages.

31. — Le Supérieur général des Frères des écoles chrétiennes, le très vénéré et très aimé Frère Joseph, raconte en ces termes l'insistance de Léon XIII, réclamant au nom de Son autorité souveraine, que pas une école chrétienne n'existe sans être suivie des œuvres de préservation.

« Dites à tous vos religieux, de la part du Pape, — et le Pape, il faut lui obéir, ajouta le

Souverain Pontife, — qu'ils doivent faire tous leurs efforts pour maintenir les jeunes gens *sortis* de leurs classes dans les principes catholiques, dans la pratique des commandements de Dieu et de l'Église, et dans l'éloignement des sociétés secrètes, où l'on cherche à les enrôler dès leur entrée dans le monde. Vous êtes répandus partout; vous pouvez servir efficacement au maintien de l'esprit chrétien parmi les populations. » Le grand Pontife comprend combien l'éducation chrétienne du peuple est incomplète et fragile, quand elle n'est pas suivie d'associations de jeunesse. Nul doute que nos comités ne s'empressent d'aider partout les maîtres chrétiens à accomplir l'ordre du Souverain Pontife.

Le patronage est une œuvre nécessaire pour notre recrutement. Il doit être gouverné par le comité ou le conseil de quartier qui s'occupe du cercle, afin de marcher dans l'union complète. Il doit avoir son conseil intérieur, ses dignitaires, et si possible, la même chapelle que le cercle, ou tout au moins certaines fêtes communes.

Associations de Sainte-Anne.

32.—Ici encore, nous voudrions citer la conversation du Saint-Père avec Monseigneur de Châlons. Léon XIII, comparant les mères de famille à la Mère de Dieu, qui a été associée à la Rédemption, fait ressortir la nécessité absolue des associations de mères chrétiennes, et l'urgence d'étendre cette institution aux classes ouvrières. Monseigneur ayant dit qu'une société de mères ouvrières existait à Châlons, et se réunissait périodiquement, le Saint-Père répondit :

« Mon cher évêque de Châlons, ce que vous
« venez de me dire me touche. C'est une tentative
« fort utile. Le plan est facile, il ne faut pas en
« rester là. Dites à tous les curés de votre dio-
« cèse que je les presse de fonder cette société,
« chacun dans sa paroisse ; c'est mon désir.
« Voilà le vrai antidote des écoles sans-Dieu.
« Si les mères sont dirigées, elles établiront la
« coutume de faire prier leurs enfants, de sur-
« veiller l'étude du catéchisme, de donner le
« bon exemple, d'édifier leurs maris et de pra-
« tiquer les sacrements. Saint Augustin dit que
« la famille est en petit ce que l'Eglise est en
« grand. Cette pensée sera justifiée dans les fa-
« milles de votre diocèse. » (Mandement de
Mgr de Châlons, 1885.)

Partout où ces Associations n'existent pas, les comités de Dames patronnesses doivent les fonder, sous la direction d'un prêtre zélé.

33. — Les associations de Sainte-Anne, pour les mères ouvrières, sont indispensables, non seulement pour la conversion de la famille, mais

aussi pour la prospérité des institutions écono -
miques. Constamment aux prises avec les besoins
de la famille et les difficultés d'équilibrer le budget, la femme de ménage comprend le bienfait
des institutions qui augmentent son capital, en
le rendant plus productif. En résumé, nous pouvons le dire par expérience : de même que le
comité est réduit à une impuissance relative
s'il est privé du concours des Dames patronnesses, de même l'association ouvrière, qui
n'est pas complétée par le groupement des
mères, arrivera difficilement à de grands résultats.

ASSOCIATIONS DE JEUNES FILLES OUVRIÈRES.

34. — La moralité d'une nation dépend de
la moralité de la femme. La vertu des jeunes
gens est impossible dans un centre quelconque
sans la vertu des jeunes filles. C'est pourquoi
les associations de jeunes filles ouvrières sont
la condition indispensable de la réforme morale.
Dans les milieux manufacturiers surtout, la corruption de la jeune fille est la cause trop puis-
sante de la corruption générale en haut et en
bas.

Nous devons donc considérer l'établissement
de telles associations comme d'urgence absolue ; et partout où elles n'existent pas, nos associations de dames patronnesses ne doivent pas

avoir de repos qu'elles ne les aient créées. Cette création est possible dans les plus mauvais milieux, l'expérience est là pour le prouver ; et si on ne peut arriver, c'est qu'il y a des causes qui tiennent plus aux personnes qui fondent l'œuvre qu'à la population elle-même. Avec de la foi, un grand amour des âmes, et de la persévérance, il n'y a point d'obstacle invincible.

Ces associations auront en outre l'immense avantage de préparer des foyers chrétiens.

Nous ne saurions donc trop insister sur l'importance et la nécessité des associations de jeunes filles ouvrières.

35. — L'esprit de toutes nos associations est. le même et peut se résumer par ces deux mots : initiative ouvrière et esprit de propagande ou d'apostolat.

Chacune doit avoir sa retraite annuelle.

2° ASSOCIATIONS D'HOMMES.

(Cercles, Corporations, etc.)

36. — Dans un second fascicule du Guide, nous avons l'intention de traiter de tout ce qui concerne la vie intérieure des cercles. Nous nous bornerons ici à quelques points sommaires qui concernent plutôt ce que nous appelons la propagande intérieure.

Aumônier, Chapelle, Retraites.

37. — Il est nécessaire que l'aumônier vive le plus possible avec l'ouvrier. Mettre le cœur du prêtre en contact avec le cœur du travailleur, c'est donner à ce dernier un certain contact du Cœur de Jésus-Christ. L'action sacerdotale ne peut être remplacée par aucune autre et doit être personnelle.

38. — Tout dans la chapelle doit être spécialement organisé pour les ouvriers : triduum pour les fêtes principales, messe chaque dimanche à l'heure la plus commode pour eux, action de grâces à haute voix après la communion, prières aux intentions désignées de ceux qui souffrent, participation dans la mesure du possible aux grandes circonstances de la vie, comme présentation des enfants après le baptême, à certains jours, quand la mère peut l'apporter elle-même, communion solennelle des enfants le dimanche qui suit la première communion, offrande du pain bénit par les nouveaux mariés, bénédiction de couronne pour être portée sur la tombe d'un mort, etc. Quoi de plus touchant que d'unir aux pieds de l'autel tous les membres de l'Association aux joies et aux douleurs de famille de chacun d'eux !

39. — Nous avons l'expérience du bien immense procuré par les retraites d'hommes et de dames. Il n'y a plus qu'un pas à faire pour les mettre à la portée des conseillers, des contre-maîtres et des conseillères.

Les essais tentés au Château-Blanc, près de Lille, ont prouvé que c'est possible et que c'est excellent.

Tiers-Ordre.

40. — On obtiendra de très féconds résultats en établissant dans nos œuvres, en esprit d'o-béissance à l'encyclique de Léon XIII, des Fra-ternités du tiers-ordre de Saint-François. Nos associations d'hommes et de femmes y puiseront l'élément surnaturel nécessaire pour arriver à la conversion des ouvriers. Nous nous proposons un but divin ; nous ne pouvons l'atteindre que par des moyens divins. Plus Notre-Seigneur Jésus-Christ rencontre dans une âme de liberté pour son action, plus il produit de merveilles, alors même que l'instrument dont il se sert paraît dénué des qualités d'intelligence, de courage et d'habileté humaines. Nous considérons donc comme très nécessaire de développer parmi nos ouvriers le sens de la piété, et de favoriser de tout notre pouvoir l'expansion de ce sentiment.

Conférences de Saint-Vincent-de-Paul.

41. — Nous souhaitons que les Conférences de Saint-Vincent-de-Paul, établies dans nos cercles, s'occupent tout spécialement (en dehors des sociétaires tombés dans la détresse par quelque accident) des familles de travailleurs momentanément dans le besoin, à l'exclusion des pauvres proprement dits, qu'il convient de laisser aux Conférences ordinaires. Ces secours seraient essentiellement temporaires, afin de pouvoir atteindre un plus grand nombre de familles étrangères à nos œuvres, et d'étendre ainsi les sympathies pour le cercle ou la corporation.

DÉLÉGUÉS D'ATELIER.

42. — L'influence de nos Cercles doit pénétrer dans tous les ateliers où se trouve un seul de nos sociétaires. Pour organiser cette action, nous établirons des délégués pour chaque atelier ; ils devront rendre compte, dans des réunions au moins mensuelles et peu nombreuses, des efforts tentés et des résultats obtenus. Si le nombre des délégués est considérable, il faudrait le diviser en sections de dix sous la présidence d'un membre du comité. Les ouvriers qui auront amené de nouveaux sociétaires, et exercé une propagande active, seront loués et honorés publiquement (1). La présence

---

(1) Certaines sociétés de secours mutuels distribuent des médailles d'or et d'argent à ceux qui ont amené le plus de sociétaires pendant l'année.

des patrons en ces circonstances exercerait une influence très salutaire. Dans les ateliers où le patron est un de nos amis, il faut qu'il connaisse le délégué d'atelier, et qu'il s'efforce d'en faire le point de départ d'un noyau de propagande qu'il réunira régulièrement chez lui, et dont il soutiendra l'ardeur et le zèle.

Par ce moyen, il y aura un prolongement véritable de l'action du cercle dans chaque atelier.

DÉLÉGUÉS DE QUARTIER.

43. — Nous souhaitons également l'institution de plusieurs délégués de quartier, afin de porter l'action du cercle dans les différents centres de la ville. Ils seront chargés du recrutement de l'association et des bienfaits que le Cercle veut répandre parmi ses membres et au dehors, ainsi que nous le verrons plus loin ; ils rendront compte de leur apostolat dans des réunions spéciales.

44. — Plus nous développerons l'initiative de nos ouvriers en multipliant les responsabilités contrôlées, plus nous échapperons au danger d'une association sans ressort et par conséquent sans vie propre. Les ouvriers aiment bien à s'occuper de leurs propres affaires et ils ont raison.

Toute société bien ordonnée suppose une

succession d'autorités secondaires, circulant du sommet à la base, et distribuant l'autorité dans chaque individu selon l'ordre hiérarchique. L'autorité est à la société ce que le sang est au corps. Le membre où le sang n'a plus de circulation régulière cesse de prospérer et s'atrophie; ainsi le sociétaire qui n'a pas de responsabilité, par conséquent pas d'autorité dans un ordre quelconque, est un membre sans vie qui tend à désorganiser l'association.

45. — La matière ne manque pas : le conseil intérieur pour la direction générale; les dignitaires pour la vie intérieure du cercle, les délégués, dont nous avons parlé plus haut, pour porter cette vie au dehors dans les ateliers et les divers quartiers; les sociétés de musique, gymnastique, chorale, tir, etc.; enfin les institutions économiques.

La division du travail nous procure la multiplication des responsabilités, des devoirs plus complétement accomplis par des hommes qui ont moins à faire.

L'exercice de ces fonctions est le moyen le plus propre d'aguerrir nos sociétaires, trop souvent sans défense, et de leur donner le courage pour lutter contre les persécutions qui ne manquent jamais.

Corporations ou Syndicats.

46. — La corporation chrétienne est la forme logique du développement complet des fondations de l'Œuvre.

Au point de vue légal (loi du 21 mars 1884), notre corporation est un syndicat mixte, fait entre patrons et ouvriers « exerçant des métiers « similaires ou des professions connexes, con- « courant à l'établissement de produits déter- « minés. » Si on veut établir une association légale générale dans une petite ville, on peut y arriver par l'union entre les syndicats des diverses professions similaires.

Les étrangers et les femmes peuvent faire partie d'un syndicat. (Circulaire du ministre, 25 août 1884.)

47. — Le but exclusif du syndicat est l'étude et la défense des intérêts économiques, industriels, commerciaux et agricoles.

Mais personne ne peut nier que ces intérêts doivent reposer sur deux bases essentiellement morales, qui sont la justice et la charité, et ces bases sont impossibles sans la religion.

48. — L'article 7 de la loi constate les droits acquis par un membre du syndicat comme sociétaire de secours mutuels, de caisse de retraite, etc. Ces diverses institutions établies par le syndicat peuvent stipuler toutes les clauses d'exclusion imaginables, sauf celle de retrait du syndicat. Ainsi donc, les tribunaux condamneraient comme illégal un règlement portant que le retrait ou l'exclusion du syndicat entraîne le retrait ou l'exclusion de la société de secours mutuels. Il y a là une difficulté facile à tourner, en introduisant, dans les statuts des institutions annexées aux syndicats, certaines règles qui puissent assurer la paix parmi leurs membres.

49. — Pouvons-nous fonder une œuvre durable et prospère, en fondant une corporation ou syndicat entre des hommes qui ne sont unis par aucun lien religieux ?

Quand on étudie l'ouvrage de M. Fagniez sur l'industrie et la classe industrielle aux xiiie et xive siècles, on est frappé d'un fait : à ce moment du plus magnifique épanouissement de l'organisation du travail, toutes les corporations étaient entées sur la confrérie. Un membre de confrérie ne faisait pas toujours partie d'une corporation, mais tout membre d'une corporation faisait partie d'une confrérie.

Alors même que la confrérie, par la façon dont elle était composée, semblait se confondre avec le corps de métier, elle s'en distinguait pourtant par son but et son organisation (1). Ce que nous pouvons traduire : alors même que le cercle (ou confrérie) semblerait se confondre avec la corporation, il devrait s'en distinguer par son but et son organisation.

C'était toujours la corporation qui fournissait de l'argent à la confrérie (réception des maîtres, baptêmes, obsèques, repas de corps). La confrérie avait ses administrateurs et dignitaires spéciaux, chargés de ce qui concernait la charité, le culte, l'hôpital, etc., et la corporation avait ses gardes chargés des intérêts du métier.

50. — Or, n'est-il pas téméraire à nous, qui avons perdu en même temps les traditions de la foi et celles du métier, de vouloir organiser des corporations qui ne soient pas basées sur la confrérie ?

L'institution humaine descend, et ne remonte pas ; nous risquons fort, si nous ne commençons par Dieu, de ne jamais arriver à Dieu. De telles corporations préparent le chemin à ces organisations tyranniques du paganisme que la Révolution veut faire renaître. Lorsque, comme

---

(1) Bibliothèque de l'Ecole des hautes études. Sciences philologiques et historiques. Etudes sur l'industrie et la classe industrielle à Paris, par Gustave Fagniez. — Paris. F. Vieweg, 67, rue Richelieu. — 1877.

dans le paganisme, la justice n'est pas tempérée par la charité, le despotisme fait peser un joug odieux, à la place de cette liberté resplendissante que les corporations du moyen-âge ont donnée au monde du travail, parce qu'elles étaient fondées sur la confrérie qui leur donnait la charité de Jésus-Christ.

Nous sommes donc persuadés que les corporations, les syndicats, qui ne seront pas entés sur la confrérie feront fausse route et prépareront d'amères déceptions à leurs fondateurs.

51. — Nous sommes en mesure d'offrir des modèles de statuts de syndicats ou corporations établies d'après les principes chrétiens, et d'accord avec la législation actuelle.

Nous ne parlons ici que des fondations faites par nos confrères, et non des syndicats ou corporations qui ont été faits sans leurs concours.

Pour les premières, nous demandons autant que possible la perfection, pour les seconds nous les prenons tels qu'ils sont, nous tâchons de leur rendre l'esprit chrétien, et si nous le pouvons (ce qui sera peut-être difficile), d'établir postérieurement la confrérie qui n'a pas été faite antérieurement.

TITRE III.

Des Institutions économiques.

52. — Nous divisons les institutions en deux groupes : celles qui sont purement de propagande et qui profitent aussi bien aux familles du quartier qu'aux membres de nos associations ; celles qui sont établies spécialement pour la corporation chrétienne ou pour nos fondations.

INSTITUTIONS DE PROPAGANDE.

53. — 1° *Bureau de renseignements pour les œuvres universelles et locales.* — Les cercles catholiques d'ouvriers et les corporations chrétiennes doivent être des centres de bienfaits moraux et matériels pour toutes les familles du quartier. Commençons d'abord par utiliser les œuvres charitables qui sont au service de tout le monde et qui ne nous coûtent aucun frais. La bienfaisance catholique est si féconde, que les mieux renseignés d'entre nous ne connaissent pas la moitié des institutions fondées pour venir au secours de toutes les misères. Leur énumération remplirait un volume pour la seule ville de Paris, et il faudrait refaire une nouvelle édition chaque année, pour le tenir au courant.

Or, qui nous empêche de faire profiter de tant de bienfaits les familles qui nous entourent ?

Les ouvroirs, les écoles d'apprentissage pour les garçons et les filles, les orphelinats, et toutes ces créations sans nombre que la charité ingénieuse invente chaque jour, sont à notre disposition.

Combien de ménages embarrassés par des enfants scrofuleux, aveugles, difformes, sourds-muets, idiots, etc.! Quels services on rendrait à la fois aux parents et aux enfants, en plaçant ces derniers dans des maisons où la sollicitude maternelle est dépassée par l'amour de ces vierges auxquelles Jésus-Christ a communiqué sa tendresse pour les délaissés !

54. — Nos dames patronnesses peuvent trouver là un puissant aliment à leur zèle. L'étude approfondie des œuvres universelles et locales, avec un bureau de renseignements indiquant la voie à suivre et faisant au besoin des démarches, permettrait aux délégués d'ateliers et de quartiers de rendre des services immenses et de conquérir à notre Œuvre les sympathies d'une population entière.

55. — 2° *Institutions faciles à créer*. — Nous nous efforcerons ensuite de créer, dans le même but, les institutions faciles et peu coûteuses, telles que : consultations gratuites, à certains

jours et à certaines heures affichées et connues, par un avocat pour les différends, et par un notaire pour les choses de la vie civile ;

Consultations médicales gratuites et abonnement à prix réduit avec un pharmacien ;

— Fourneaux économiques qui, l'expérience le prouve, procurent des bénéfices quand ils sont bien gérés et installés dans un quartier populeux. Et beaucoup d'autres institutions qu'il serait trop long d'énumérer. En un mot, préoccupons-nous de rendre aux familles ouvrières étrangères au Cercle tous les services possibles. Il faut que la maison du Cercle soit saluée par la reconnaissance des mères de famille de toute la ville.

BUT DES INSTITUTIONS INTÉRIEURES.

86. — Les institutions économiques, établies dans l'intérieur des cercles ou des corporations, ont pour objet principal de procurer le surcroît à ceux qui cherchent d'abord le royaume de Dieu. Cependant nous devons pousser à des institutions larges, se répandant au dehors sur la population ouvrière, sans cesser d'être étroitement liées au Cercle, gouvernées par le Cercle et attirant au Cercle.

87. — Une telle organisation doit procurer :

1° L'entretien des œuvres ;

2° Un revenu annuel à chaque famille de la corporation ;

3° Un fonds commun, ou patrimoine corporatif ;

4° Mais surtout une occupation intéressante, palpitante, à tous les ouvriers de bonne volonté, à tous les esprits inquiets qui deviennent turbulents faute de travail, révolutionnaires ardents faute de nobles passions, et qui seraient pour notre camp des maîtres et des entraîneurs puissants.

58. — Il est nécessaire de réunir périodiquement les mères ouvrières, pour les gagner à nos institutions.

Dans une des fondations de l'Œuvre, on a établi, pour l'économat, un conseil de femmes, ayant dans leurs attributions ce qui concerne les approvisionnements à faire, en ce qui est de leur nature et de leur qualité. Le conseil d'hommes reste chargé de l'exécution, des achats en gros, de la partie financière et de l'administration.

59. — Les employés, payés par la corporation pour gérer les intérêts économiques, doivent justifier qu'ils se bornent à exécuter les décisions des conseils.

La régularité des réunions des conseils ouvriers étant la condition vitale de la prospérité, il est important de l'assurer par un moyen efficace. Nous connaissons une corporation qui n'a pas trouvé d'autre moyen que de fixer 1 fr. de prime pour chacun des 464 conseils d'hommes qui se tiennent par année. L'appointement de l'employé est déterminé en conséquence.

Les conseillers économiques sont nommés par le conseil intérieur sans élection.

INSTITUTIONS ÉCONOMIQUES.

60. — La corporation prend à tâche d'établir les institutions qui répondent à tous les besoins de la société laborieuse :

Aux besoins moraux, par les associations religieuses auxquelles elle fournit des locaux ;

Par les écoles chrétiennes et les bibliothèques ;

Aux besoins divers, par le service de santé ;

Les garde-malades ;

Les sociétés de secours mutuels ;

L'œuvre des funérailles et les messes pour les morts ;

Les soins des veuves et des orphelins ;

La société pour logements destinés aux ouvriers de la corporation ;

Les hôtelleries chrétiennes pour les garçons, les maisons de famille pour les filles ;

L'assurance sur la vie et contre les accidents ;

Les consultations légales pour toutes les circonstances de la vie civile ;

Dots pour les mariages chrétiens ;

61. Pour la profession, l'apprentissage moral et sérieux pour former de bons ouvriers ;

Des concours et des expositions pour stimuler l'habileté professionnelle avec des certificats de capacité ;

Caisse de chômage créée uniquement en faveur des ouvriers reconnus habiles, gouvernée avec leur concours, et alimentée en partie par leurs versements. On obtiendra ainsi un classement des capacités, et on rétablira la notion perdue de la hiérarchie professionnelle.

62. — Pour la protection du travail chrétien, des bureaux de placement offrant toute garantie, aux patrons d'avoir des ouvriers capables, aux ouvriers de rencontrer des ateliers où ils seront traités comme des enfants ; solution facile pour les différends par des arbitrages amiables ;

Pour la vie à bon marché, société d'alimentation, pain, viande, chauffage, etc. ;

Vente de vêtements ;

Surveillance réelle de fournisseurs privilégiés ;

Boni corporatif ;

Economat domestique ;

Sociétés de consommation ;

Pour la prévoyance : caisses d'épargne, de prévoyance, de retraite ;

Caisses de prêts ;

Caisses corporatives.

63. — Quel doit être le rôle du comité dans les institutions économiques ?

Il doit avoir le rôle du père de famille.

Or, il y a deux sortes de paternités : l'une qui est abaissée par la révolution, découronnée par l'ingratitude des enfants et l'indignité des parents ; cette paternité-là n'est pas autre chose qu'une *utilité*. Mais il est une autre paternité, celle que Dieu a faite, et qui est maintenue par l'esprit chrétien à la hauteur de son institution. Celle-là est une *dignité*. Un père de famille de cette trempe travaille à susciter chez ses enfants les idées du devoir et de responsabilité ; il les aide, mais avec une discrétion affectueuse qui, loin de diminuer les notions du devoir, ne fait qu'exalter davantage chez les fils l'importance et le souci de leurs obligations ; c'est une générosité qui descend pour réveiller en bas une générosité qui remonte.

64. — Nos amis qui veulent remplir ce rôle, tout à fait chrétien et tout à fait bienfaisant, doivent donc se garder d'avoir, dans les institutions économiques, la situation de membres honoraires, qui consiste à toujours payer, en se désintéressant pratiquement de la marche journalière des affaires. Ils prendront une part active aux charges et aux bénéfices de l'institution, et l'honoreront en la pratiquant pour eux-mêmes, comme s'ils avaient besoin du profit qu'ils doivent en tirer ; s'ils veulent ensuite donner à une bonne œuvre les bénéfices qu'ils ont recueillis, libre à eux de le faire, mais pas officiellement. Une dame patronnesse sera plus agréable à Dieu, et rendra plus de services aux œuvres, en se fournissant à la boulangerie corporative, à la société de consommation, et en recevant son boni corporatif, qu'en donnant de l'argent pour faire marcher ces institutions sans leur accorder son concours.

65. — Ne l'oublions pas, les institutions économiques doivent avoir pour premier but de conduire à Dieu, en donnant une légitime popularité aux associations religieuses qui les ont fait éclore et les gouvernent ; leur second but est de réveiller l'initiative des ouvriers, de leur donner bon esprit, et de les former à la gestion de leurs affaires ; le bien-être de la famille ouvrière est le troisième but, sans doute fort utile et très désirable, mais c'est cependant le moindre de beaucoup. Gouvernons donc nos institutions pour atteindre les résultats les plus parfaits en même temps que ceux qui séduisent les indifférents.

TITRE IV.

De l'Instruction des sociétaires et des autres ouvriers.

66. — Sous ce titre, nous ne parlerons pas seulement des enseignements qui sont donnés par l'aumônier et les membres du comité, mais aussi de la formation virile des ouvriers, dont nous voudrions faire, non des orateurs, mais des défenseurs de leur foi.

CONFÉRENCES ET CAUSERIES. SÉANCES OUVRIÈRES.

67. — Les conférences ou causeries aux ouvriers doivent avoir un triple but :

Enseigner les devoirs du citoyen, ce qu'on appelle dans les écoles l'enseignement civique. (Suivre un bon manuel : celui d'Arthur Loth, par exemple) (1) ;

Donner les notions utiles sur les questions économiques (sociétés d'épargne, sociétés coopératives de consommation, caisses de retraite,

______

(1) *Livre du Jeune Français, Manuel d'instruction civique et morale*, par Arthur Loth ; Palmé, 76, rue des Saints-Pères, Paris.

assurances sur la vie, économats, apprentissage, et toutes les questions à l'ordre du jour dans la contrée);

Nourrir la foi et développer le sentiment religieux.

68. — Notre Œuvre a formulé déjà des idées assez nettes sur les questions qui touchent à l'organisation du travail, pour qu'elle songe à les propager aujourd'hui parmi les travailleurs. Depuis l'origine, nous suivons toujours la même marche : organisation simultanée dans la classe dirigeante et dans la classe ouvrière. Le moment est venu d'associer les membres des cercles à nos études et à nos revendications, afin de leur faire comprendre que notre Œuvre « embrasse un champ d'action assez vaste pour que l'ouvrier puisse y reconnaître la constitution d'une force sociale, capable d'apporter à sa condition morale et matérielle une amélioration effective. »

69. — C'est pourquoi le Comité de l'Œuvre, dans sa séance du 7 octobre dernier, a adopté la résolution suivante :

« Recommander aux Comités locaux de mettre l'étude de la question ouvrière en honneur dans les Cercles, et exercer les sociétaires ouvriers à prendre publiquement la parole sur cette question. »

Il nous faut évidemment agir avec tact et prudence pour réaliser ce désir, mais les résultats féconds qu'amènera sa réalisation, doivent nous engager à entrer de suite dans un ordre d'idées éminemment propres à rendre à nos Cercles une virilité qui leur est nécessaire.

Pour y arriver, nous organiserons des causeries courtes et bien préparées sur un plan tracé à l'avance. Nous habituerons nos ouvriers à prendre la parole à ces séances intimes, pour exprimer leur sentiment avec simplicité et proposer des questions.

Nous ne désirons pas former des orateurs de club, ni faire sortir l'ouvrier de la simplicité chrétienne, mais l'aguerrir contre les attaques du dehors et le rendre capable de répondre aux mauvais camarades.

70. — Ne pourrait-on organiser dans chaque cercle, deux fois par mois durant l'hiver, à la réunion mensuelle l'été, des séances ouvrières? Tout d'abord, les ouvriers qui le désirent prendraient la parole sur le sujet traité à la dernière réunion. Pour faciliter les commencements, le directeur ou l'aumônier s'entendrait à l'avance avec des ouvriers de bonne volonté et les aiderait à rédiger des observations écrites.

Petit à petit, l'ouvrier s'enhardirait et prendrait l'habitude de lire en public d'abord, puis de parler. Si les auditeurs faisaient des observations qui appellassent des réponses ou de nouvelles questions et que la séance se passât ainsi dans cet échange d'idées, ce serait du temps parfaitement employé, et on remettrait le nouveau sujet à la prochaine séance.

L'important est que le président soit bien au courant de la question, afin de maintenir les principes et d'en inculquer la conviction.

Nous ne pouvons mieux rendre notre pensée qu'en rappelant nos assemblées générales de l'Œuvre, où chacun expose librement ses objections et ses questions, auxquelles le secrétaire général est toujours en mesure de donner les vraies solutions.

71. — Nous ne devons négliger aucune occa-. sion de donner à nos ouvriers la parole de Dieu (Evangile, fêtes de l'Eglise, vie des Saints).

Il y a dans l'ordre surnaturel, si pratiqué par nos pères et si méconnu aujourd'hui, tout un monde de poésie véritable, de charme et d'attraits, qui rendrait les conférences aussi séduisantes aux esprits qu'utiles aux âmes. La personnalité humaine n'est attirée que par les choses qui se rapportent à elle-même ; c'est pourquoi l'ouvrier n'est vraiment intéressé que par deux ordres d'idées : celui qui a trait à sa situation sociale et à son bien-être, et celui qui se rapporte au salut de son âme et au salut de sa famille.

72 — Nous sommes tellement infestés de libéralisme qu'il n'est pas rare de voir des laïques contester à leurs confrères le droit de parler des choses de Dieu.

Un membre du comité de X... parlait chaque mois aux ouvriers sur la fête du jour (il récitait Dom Guéranger, *Année liturgique*, livre admirable et rempli de renseignements intéressants) (1) ; quelqu'un du comité s'en émut et proposa un ordre du jour pour supprimer un tel abus, objectant qu'un laïque ne devait pas se permettre de parler de religion.

Or, voici à ce sujet l'avis de Mgr Gay, évêque d'Anthédon :

« Vous êtes dans le vrai quand vous pensez qu'il est bon de faire, dans l'instruction qu'on donne aux ouvriers, une large part à l'instruction chrétienne, à la vie historique de Notre-Seigneur, aux faits de l'Evangile et de l'ancien Testament. A tous les points de vue, cela est fait pour les intéresser, et penser qu'ils y auront moins de goût qu'aux histoires et aux sciences profanes, c'est faire injure à leur baptême. Ici comme partout, la foi est la vraie lumière et doit régler nos actes. Vous avez également raison en

____

(1) L'*Année liturgique*, par Dom Guéranger, bénédictin de Solesme. — F. Wattelier, 5, rue du Cherche-Midi, Paris.

disant que, pour entreprendre cet enseignement et le mener à bonne fin, il n'est nullement besoin d'être prêtre ou ecclésiastique.

« Ce que le père de famille fait pour ses enfants, pourquoi le patron ne le ferait-il pas pour ses ouvriers, qui dans la grâce sont sa famille?

« Jamais, que je sache, ce droit de donner l'instruction, dans la mesure où ils le peuvent, n'a été contesté aux laïques (1). »

« Prier, parler et écrire en chrétien, dit notre savant écrivain savoyard, l'abbé Martinet, serait-ce donc chose interdite aux laïques et qui exige le caractère sacré de l'Ordre ! Quand, dans les légions ennemies, toute main est admise à tirer sur nous, devrons-nous rester immobiles l'arme au bras, et laisser tout le poids du combat retomber sur les chefs ?.... Rien de plus funeste que le préjugé très moderne qui, excorporant la religion de la société, la relègue dans l'église, dans le foyer domestique, et veut qu'on en laisse exclusivement au prêtre la propagation et la défense (2). »

Le savant abbé Martinet traite plus longuement encore la question de l'apostolat laïque

______

(1) Lettre du 27 septembre 1885 à Léon Harmel.
(2) Solution de grands problèmes mise à la portée de tous les esprits. Tome VII, page 502. — Lecoffre fils et Cie, 90, Rue Bonaparte, Paris.

et conclut que ce n'est pas seulement un droit, mais un devoir pour tout laïque chrétien de proclamer les droits de Dieu et de l'Église; il est obligé de les enseigner à ceux qui les ignorent, et de les défendre contre ceux qui les attaquent.

73. — Jésus-Christ sera toujours la voie, la vérité et la vie ; les sujets économiques eux-mêmes ont besoin de sa lumière pour se maintenir dans la vérité et pour être vraiment pratiques. En aucun siècle, Dieu n'a frappé d'une stérilité plus éclatante les efforts tentés en dehors de lui, alors même qu'ils étaient soutenus par un dévouement réel.

Réunions ouvrières.

74. — Nous désirons que tous les ans, dans chaque centre où nous avons des fondations, on prépare une réunion ouvrière. Quelques questions seraient données, plusieurs semaines à l'avance, aux directeurs de nos Cercles et des autres associations ouvrières dont l'esprit chrétien nous offrirait des garanties suffisantes. Quatre fois au moins, dans des séances ouvrières dont nous parlons aux §§ 69 et 70, les questions seront étudiées, sous la direction de l'aumônier, assisté d'un confrère de doctrine sûre, d'une compétence suffisante, et qui aura pris la peine d'étudier les questions à fond. Chaque cercle ou association nommera trois ou quatre délégués, qui apporteront à la réunion centrale l'opinion collective de ses membres, soit par écrit, soit de vive voix. La séance se passera en échange d'idées, et se terminera par des conclusions qui seront reportées à chaque groupe. Ces réunions seront conduites par un membre délégué par le comité de l'Œuvre. Nous désirons favoriser ainsi l'initiation de nos ouvriers à une certaine vie publique, nécessaire dans l'état actuel de notre société.

Sans doute, ces réunions ne pourront pas être organisées partout immédiatement; mais nous désirons que dans tous les cercles on s'y prépare en organisant, sans perdre de temps, les séances ouvrières dont nous avons parlé plus haut. (Voir §§ 69 et 70.)

75. — Ne nous le dissimulons pas, nous ne pouvons réformer la société qu'en nous tournant vers les travailleurs. C'est à pénétrer les masses de nos idées que nos amis doivent employer tout leur zèle.

La classe laborieuse est le champ fécond du Seigneur, parce qu'elle est le champ du travail et de la douleur. Alors même que le travail se produit sous le seul aiguillon de la faim, il porté en soi un principe de vie et de rajeunissement d'où peut sortir le salut.

Journal.

76. — La propagande des bons journaux n'est impossible que pour ceux qui n'essaient pas ou qui n'ont pas de persévérance. Pour réussir, il faut y appliquer une personne résolue, membre du comité ou dame patronnesse, qui ait de l'ordre, qui soit en contact quotidien avec les colporteurs, qui surveille ses hommes, et établisse dans chaque quartier un correspondant chargé de faciliter la vente.

Le vendeur du plus mauvais journal peut être utilement appliqué à ce colportage, pourvu qu'il soit surveillé. Les essais tentés dans les grandes villes, dans des campagnes très mauvaises, dans des usines vouées au radicalisme, prouvent que nous pouvons réussir partout, et que c'est là surtout une affaire de bonne organisation. Quels services nous rendrions aux honnêtes travailleurs, dont les esprits sont fatalement pervertis par une presse immonde, à laquelle ils ne peuvent se soustraire puisque les bons journaux ne leur sont pas annoncés! On peut affirmer que le plus grand nombre des ouvriers sont indifférents et ne lisent de mauvais journaux, que parce qu'on ne leur en offre pas d'autres.

TITRE V.

Des Associations et Réunions annexes.

DAMES PATRONNESSES (1).

77. —. Le concours des dames n'est nulle part assez utilisé. Il y a chez elles un dévouement pour ainsi dire sans bornes. Or, qu'avons-nous besoin, dans l'entreprise que nous poursuivons pour ramener notre patrie à Dieu, sinon du dévouement pratique, de la vraie piété, du sacrifice : trois qualités que nous trouvons, à un degré éminent, chez les femmes chrétiennes ? Qui peut mieux comprendre le devoir social que celles dont le cœur a été formé par Dieu même en vue de produire cette merveille incomparable qui s'appelle la mère ?

78. — Il serait à souhaiter que chaque association de dames prît un carnet collectif de patronnesse de l'Œuvre, soit une souscription de cinquante francs par année, répartie entre toutes les dames d'une même association ou d'un même voisinage. Outre l'utilité qu'il y aurait

---

(1) Voir l'Instruction sur l'œuvre, §§ 47 et 67.

à contribuer en quelque chose aux frais généraux de notre Œuvre, ce qui n'est vraiment que justice pour tous ceux qui en font partie, il y aurait encore l'avantage de recevoir le procès-verbal mensuel de la réunion des dames à Paris. Ce procès-verbal, très intéressant, serait lu aux réunions ; il initierait les dames patronnesses de tous les comités de France aux travaux et aux idées du comité de l'Œuvre; chaque association de dames pourrait à son tour fournir des renseignements ou des notes au Secrétariat général de l'Œuvre, et ainsi les comptes-rendus qu'il établit deviendraient de plus en plus un travail collectif. Ce serait un développement des communications régulières, que nous souhaitons vivement voir se multiplier entre la tête et les diverses parties de notre vaste association.

79. L'activité des dames patronnesses peut se porter sur toutes les divisions du travail, en fournissant à chacune les renseignements (suivant les §§ 5 à 17, 27 et 28 du présent travail); les relations (suivant les §§ 18 à 26) afin d'aider l'action ; les recrues (la recherche des personnes qui peuvent entrer dans l'une de nos associations) ; et les ressources pour faire vivre nos fondations. Leur dévouement ne profitera pas moins aux classes populaires, soit par les associations de mères et de jeunes filles ouvrières, soit en mettant leur temps et leur intelligence au service des institutions de propagande, §§ 53 à 64.

Nous connaissons une ville où l'association de dames patronnesses, en l'absence de tout comité, a pu fonder seule nos diverses œuvres ouvrières, cercle, etc., et leur procure la vie morale et matérielle. C'est qu'en effet rien n'est impossible, comme nous l'avons dit tout à l'heure, aux femmes chrétiennes ; c'est elles qui ont sauvé la France de l'athéisme ; c'est elles qui sont appelées aujourd'hui à sauver la France de la barbarie nouvelle dont la menace la question sociale.

80. — Exemple d'une association de dames patronnesses dans une usine :

Une dame est chargée de la chapelle, une autre des écoles et des associations de jeunes filles, une troisième de l'association de Sainte-Anne, une quatrième de la visite aux jeunes mères, une cinquième de la confection des trousseaux et objets divers, une sixième de la réunion de charité.

Tous les jeudis, à deux heures et demie de l'après-midi, réunion des Dames, avec la Sœur supérieure. On y travaille pour les pauvres. On commence par rendre compte des visites faites aux malades et aux familles. Puis, le premier jeudi du mois, la dame qui est chargée de la chapelle (blanchissage, ciré, bougies, entretien, achat d'ornements), rend compte de son administration, des dépenses faites. Quand il est nécessaire, elle sollicite un versement de chacune des dames, suivant un prorata déterminé à l'avance. Par ce moyen, la chapelle est toujours tenue en très bon état et ne coûte rien au comité.

Le deuxième jeudi du mois, la dame qui s'occupe des écoles (visites hebdomadaires) et des associations de jeunes filles (visites de quinzaine le dimanche et société de chant chaque semaine) donne connaissance des progrès, des desiderata, des écoles de couture, etc. Elle donne le détail des fonds employés, pour petites récompenses, goûters, promenades et encouragements, et la situation de son petit budget qui est à la charge des dames patronnesses.

Le troisième jeudi, la dame chargée des visites aux jeunes mères met la réunion au courant de ce qui a été fait, des présentations d'enfants, et de tous les bons offices par lesquels on a soulagé les familles.

Enfin, le quatrième jeudi, la présidente de charité soumet à la réunion ses comptes, ses projets et ses besoins.

En outre, deux fois par mois, le mardi, le conseil intérieur de l'association de Sainte-Anne se réunit avec ces dames pour le gouvernement de l'association.

Par ce moyen, chacune des dames de la famille est au courant de ce qui se fait, s'y intéresse et pratique vraiment son devoir social.

Commissions consultatives annexes au Secrétariat général de l'Œuvre (1).

81. — Les commissions annexes tendent à prendre dans l'œuvre une importance considérable, parce qu'elles sont la voie d'organisation corporative qui est le véritable chemin de restauration sociale.

Nous engageons nos amis à faire tous leurs efforts pour compléter la commission industrielle et son annexe, l'association des ingénieurs chrétiens, la commission agricole, celle des arts et métiers, et les autres que nous sommes en voie de créer. Ce n'est qu'en groupant les hommes sur le terrain professionnel, que nous arriverons à une connaissance, et plus tard à une représentation des véritables intérêts. L'esprit politicien a perdu la France ; elle ne peut être sauvée que par le retour à l'esprit professionnel.

82. — Pour alimenter ces divers groupes nous avons organisé la réunion des élèves de l'é-

_____

(1) Voir l'Instruction sur l'Œuvre, §§ 45, 68 et 69.

cole centrale sous le patronage d'hommes qui peuvent leur être utiles dans la carrière, et nous projetons de faire de même pour les autres écoles. Lille a inauguré son école industrielle destinée à former des patrons chrétiens ; nos intrépides amis du Nord travaillent à organiser l'école agricole, et ont déjà commencé celle des arts et métiers. Grâce à leur générosité, l'éducation professionnelle, dans toutes les branches et dans toutes les classes, sera catholique en même temps que tenue au premier rang, sous le rapport intellectuel et industriel.

85. — Une commission consultative de commerce sera prochainement créée, à laquelle sera rattachée l'association des voyageurs de commerce. Dans le but de favoriser cette association, et aussi afin de permettre à tous nos amis qui voyagent de se retrouver sur tous les points du territoire, nous sollicitons vivement des comités la désignation, dans chaque ville, d'hôtels et de lieux de réunions pour les catholiques en voyage.

L'exemple de la Belgique et de l'Allemagne montre l'importance de ces centres, où les catholiques sont assurés de trouver des amis dans la ville qu'ils traversent. Combien les œuvres locales ne trouvent-elles pas d'utilité de leur côté à ce contact fréquent avec les hommes qui, en diverses provinces, et quelquefois

en diverses nations, se sont consacrés à la défense de nos idées et à la pratique des associations ouvrières.

Sociétés d'étudiants, de jeunesse catholique, d'anciens élèves, conférences dans les maisons d'éducation.

84. — Nous avons passé, cette année, une semaine à Fribourg, à l'occasion du congrès eucharistique (9 au 13 septembre) et nous avons eu le cœur réjoui de voir, de nos yeux, l'ordre social chrétien pratiqué dans ce petit coin de terre.

Ce qui nous a le plus frappé, comme pouvant être imité en France, c'est l'association des étudiants suisses.

« Elle a pour but : la vertu, la science et
« l'amitié, selon les mœurs et les croyances de
« nos ancêtres, selon l'esprit de l'Eglise catho-
« lique, pour le bien de la patrie. » (Article 2
des statuts.) (1).

Dès la classe de seconde, dans chaque institution catholique, les jeunes gens peuvent être
candidats, et en rhétorique ils peuvent être
reçus membres actifs. Il y a dans chaque éta-

____

(1) On peut trouver les statuts à l'Imprimerie catholique suisse, Fribourg, 10, Grand'Rue.

blissement d'instruction secondaire une section qui a ses réunions périodiques, et doit donner deux fois par an au conseil central tous renseignements sur son fonctionnement, ses archives, etc. Une revue mensuelle relie les sections entre elles; chaque année un congrès général réunit des représentants de chaque section. Le membre actif devient membre honoraire une année après son entrée dans la vie pratique.

Dans chaque université suisse ou étrangère où se trouvent des membres actifs, il est formé aussitôt une section avec ses séances régulières.

Partout, ces jeunes gens sont initiés à la lutte pour la cause sacrée de Dieu et de la liberté, une seule et même cause.

La victoire des catholiques dans le canton de Fribourg, et le travail qui se fait activement dans les autres cantons, sont dus en grande partie à l'organisation chrétienne et patriotique de la jeunesse suisse.

Nous avons assisté à plusieurs réunions de la société et nous étions dans une joie indescriptible de nous trouver au milieu de cette vaillante jeunesse. Chaque soir nous assistions à des tournois d'éloquence où N. S. Jésus-Christ était toujours le Vainqueur, le Roi social acclamé.

Je faisais un triste retour sur notre patrie, où nous n'avons encore rien organisé de semblable et où nous perdons par suite, chaque année, les espérances de l'avenir.

Il faut bien le reconnaître, grâce à cette organisation, les maîtres chrétiens de la Suisse ne forment pas seulement des individus, ils forment des citoyens.

95. — En attendant que nous arrivions au même résultat dans notre patrie, les comités doivent prendre soin de solliciter, des directeurs de colléges ecclésiastiques et de pensionnats chrétiens, l'établissement d'une conférence d'œuvres ouvrières. C'est une réunion périodique, où on apprend aux plus grands élèves le dévouement à cette classe des travailleurs, que N. S. Jésus-Christ aime d'une affection toute particulière.

De temps à autre, un membre du comité entretiendrait ces jeunes gens des grands devoirs de la vie sociale.

Les réunions d'anciens élèves permettent également d'initier la jeunesse à nos œuvres. Un programme d'études est à la disposition de ceux qui en feront la demande.

86. — Citons une association établie à X..., sous le nom d'auxiliaires du comité, et qui donne les meilleurs résultats.

Dans des réunions de quinzaines on explique l'œuvre et on offre aux jeunes gens, pour certaines heures du Dimanche, un terrain d'application dans nos cercles.

Quelques-uns s'exercent à la parole, devant leurs camarades d'abord, devant les ouvriers ensuite. Plusieurs se sont réunis pour former un conseil de quartier à une extrémité de la ville, et fonder un cercle avec l'aide du curé de la paroisse.

D'autres font des conférences dans les communes rurales.

87. — Il est nécessaire d'éveiller de bonne heure l'idée du dévouement, de son importance, de sa forme et de sa fécondité. Il faut pénétrer les jeunes filles aussi bien que les jeunes gens des nécessités sociales actuelles, qui font un devoir à l'action individuelle de remplacer l'action de l'autorité pervertie et tournée contre le bien.

L'obligation de l'apostolat individuel, imposée par la loi de Dieu dans tous les temps, mais que les circonstances rendent plus impérieuse que jamais, font un devoir aux maîtres et aux maîtresses chargés de l'éducation d'initier la jeunesse à des idées qu'on peut appeler nouvelles, dans notre siècle repu de matérialisme et d'égoïsme.

TITRE VI.

DES VISITES.

88. — Les visites sont nécessaires pour maintenir l'esprit de l'Œuvre et pour renouveler le zèle de ses membres. Aussi voyons-nous l'importance qu'y attachent les ordres religieux, nos maîtres en tout, spécialement en association.

Nous désirons donc que chacune de nos fondations soit visitée au moins une fois l'année, soit par un membre du comité de l'Œuvre délégué à cet effet, soit par un de nos visiteurs en titre, soit par le secrétaire de zône ou le secrétaire de province. Cette visite doit être aussi complète que possible.

Le comité de la ville à visiter doit être averti plusieurs semaines à l'avance, afin qu'il ait le temps nécessaire pour une bonne préparation. On lui enverra la présente note afin qu'il connaisse l'étendue de ses devoirs : tant vaudra la préparation, tant vaudra la visite. Le visiteur devra y consacrer plusieurs jours. Faisons bien tout ce que nous entreprenons, afin que notre temps soit toujours utilement employé. L'important n'est pas de faire beaucoup, mais de bien faire.

89. — Nous insistons dans le programme sur quatre préoccupations qui ne doivent jamais quitter nos esprits et nos cœurs :

1° La soumission respectueuse aux autorités ecclésiastiques et la déférence à l'égard des autorités sociales ;

2° La charité affectueuse à l'égard des catholiques qui s'occupent, en dehors de nous, du salut de la classe ouvrière ;

3° L'importance de préparer la jeunesse à l'action sociale. Une œuvre n'est vraiment vivante que dans la mesure où elle atteint la jeunesse, qui est la vie de l'avenir ;

4° La sollicitude pour nos fondations, qu'il faut réchauffer, fortifier et compléter.

Lorsqu'il y aura assemblée régionale, le programme sera rempli par le président ; le comité organisateur distribuera les réunions avant, pendant et après l'assemblée.

Celui qui aura fait la visite devra faire un rapport détaillé par paragraphes, conformément au programme qui suit. Ce rapport sera envoyé au chef de la première section, qui prendra les notes utiles à son service et renverra le travail au chef de la deuxième section.

PROGRAMME DE LA VISITE.

90. — Durée : une huitaine de jours pour une ville importante.

Le premier jour est consacré aux visites.

La conférence générale est fixée au deuxième jour, afin d'avoir le temps de revoir les personnes en détail.

I. — Autorités. 1° Visite à Monseigneur (dans une ville épiscopale).

2° Visite aux Vicaires généraux et à chacun des curés de la ville.

3° Visite aux autorités sociales, dans la mesure où nous pouvons rencontrer quelque sympathie et de l'esprit chrétien (magistrats, grands industriels, chefs de familles considérées).

4° Visite aux supérieurs de séminaires et de maisons d'éducation; aux présidents de Conférences; aux directeurs d'œuvres de jeunes gens, d'hommes et de femmes en dehors de l'Œuvre ; aux supérieurs de congrégations (Jésuites, Dominicains, Lazaristes. etc.).

II. — Groupements catholiques. 5° Causeries adressées aux patronages, cercles et associations ouvrières, en dehors de l'Œuvre, en groupant les patronages et associations quand on peut le faire ;

6° Aux associations du dimanche, de dames de charité, et à toutes les réunions organisées, dont nous ne pouvons atteindre les membres par nos groupements propres.

III. — Jeunesse. 7° Réunions au séminaire (avec l'autorisation et, si possible, sous la présidence de Monseigneur et avec la présence des membres du clergé);

8° Au collège libre chrétien, au petit séminaire et au pensionnat des frères (pour les élèves des classes supérieures);

9° Si possible au pensionnat de jeunes filles, au moins celui qui reçoit les enfants de la classe élevée.

Si dans chaque collège ou pensionnat on peut réunir en même temps les anciens élèves, ce ne sera que mieux.

10° Réunions d'étudiants et de jeunes gens de la classe élevée.

IV. — Fondations. 11° Comité. Etudier les moyens pratiques de grouper les forces catholiques de la ville; statistiques suivant les tableaux B et C (voir aux annexes); institutions économiques; Dames patronnesses.

12° Corporations, cercles, conseils intérieurs, conseils corporatifs, conseils économiques, réunions de contre-maîtres et de délégués d'atelier et de quartier; associations de mères de famille et de jeunes filles; patronages, associations de patrons, réunions industrielles, syndicats professionnels et fondations annexes de l'Œuvre.

13° Groupements à former pour compléter le réseau des fondations de l'Œuvre.

ANNEXES.

1° — NOTE N° 8.

Réunion ouvrière du   à
n°   *rue*
     Réunion privée et consultative.

Nous vous remettons inclus le questionnaire pour la réunion ouvrière qui aura lieu à
le Dimanche

Veuillez faire étudier au cercle, par les sociétaires réunis, chacune des questions, dans plusieurs séances présidées par l'Aumônier et dirigées par un membre du comité ou du conseil de quartier.

On prendra dans ces séances deux sortes de conclusions : 1° Générales sur la question étudiée au point de vue général du bien des ouvriers ; 2° Particulières sur l'application, dans le cercle ou dans l'atelier, de l'institution ou de l'idée étudiée.

Ces conclusions écrites pourront être appuyées de considérants. Elles seront confiées à trois ou cinq délégués, désignés par le conseil intérieur ou par le comité, pour représenter le cercle à la réunion ouvrière du

Les délégués devront être des ouvriers d'état ou d'usine travaillant chez un patron, ou des contre-maîtres ou des ouvriers travaillant à leur compte (même ceux qui auraient quelques auxiliaires). Les cercles de commis enverront des commis.

La réunion étant privée, personne ne sera admis sans une lettre d'invitation en règle signée de M.   n°   , rue

La salle où se fait la réunion n°   , rue   , s'ouvrira à   heures précises du   . La séance commencera exactement à   heures   du

Le bureau sera composé d'un président, d'un vice-président, d'un prêtre représentant l'autorité religieuse, d'un secrétaire général chargé de la conduite de la séance, et d'un secrétaire pour le procès-verbal.

Aucune question ne pourra être présentée à la séance en dehors du questionnaire adopté.

Les délégués auront le droit de remettre au bureau, sous pli cacheté, des questions ou observations qu'ils désireraient voir produire à la réunion ouvrière suivante. Le bureau jugera si on peut faire droit aux demandes déposées, mais, en tout cas, rien ne pourra être changé à la séance commencée.

ORDRE DE LA SÉANCE :

Prière ;

Appel des cercles et des associations représentées ;

Tirage au sort pour le tour de parole ;

Enoncé des questions par le secrétaire général ;

Avis sur la première question donné par un délégué de chaque cercle, suivant le tour de parole. Chacun lira ou parlera de sa place.

Aussitôt les avis émis sur la première question, chacun pourra demander la parole pour les observations.

Ensuite le secrétaire général résumera les avis et exposera les vues de l'Œuvre des Cercles catholiques d'ouvriers sur la question.

Puis la seconde question, et ainsi jusqu'à l'épuisement du programme.

La séance sera terminée par l'exposé des résolutions à prendre par chacun des cercles représentés à la réunion. L'exécution de ces résolutions sera poursuivie par une commission composée, pour chaque cercle, des délégués et de deux membres du comité. La réunion ouvrière suivante commencera par l'exposé de ce qui aura été fait dans chaque cercle pour arriver à l'exécution des résolutions.

Comme vous le voyez, la réunion ouvrière consultative a un double but : celui de l'étude de certaines questions sur lesquelles nos ouvriers doivent pouvoir se défendre contre les idées fausses émises par leurs adversaires ; la création d'institutions et d'organisations propres à procurer le bien-être moral et matériel de nos ouvriers, tout en développant en eux les idées de responsabilité et d'initiative personnelles.

Enfin, nous pensons que ces réunions seront propres à cimenter, entre les cercles d'une même contrée, les liens d'amitié qni doivent tous nous unir, et à former nos ouvriers à la défense sociale de leurs croyances et de leurs associations.

Un repas commun aura lieu dans le local à   heures du soir.

La cotisation est de   par tête. Nous engageons les comités et conseils de quartier à supporter les frais de déplacement et de repas des délégués.

2° Questions a poser aux associations ouvrières.

Chaque réunion ouvrière aura un programme particulier composé de 5 à 6 questions choisies, d'accord avec les comités, dans la nomenclature ci-dessous :

1ʳᵉ SÉRIE : Perpétuité de la Famille ouvrière

Coutume des ateliers prospères. Quels sont les meilleures moyens de favoriser :

1° La permanence des engagements ?
2° L'entente sur le salaire ?

3° L'alliance des travaux de l'atelier et du foyer ?

4° L'habitude de l'épargne ?

5° La possession du foyer ?

6° Le respect et la protection de la femme ?

2ᵐᵉ SÉRIE : LA LIBERTÉ DE L'OUVRIER.

Coutumes chrétiennes. Quels sont les moyens de favoriser :

7° L'éducation chrétienne des enfants ?

8° La persévérance chrétienne des jeunes gens (filles ou garçons) qui commencent à travailler dans les usines ou ateliers ?

9° La moralité chrétienne dans les ateliers où il y a des femmes ?

10° La moralité chrétienne dans les ateliers d'hommes ?

11° La liberté de conscience opprimée par un respect humain écrasant et par l'audace des mauvais ?

12° La vie chrétienne, laquelle a besoin non seulement de liberté, mais d'aide (la pente du péché originel nous inclinant au mal, en dehors même des suggestions du dehors) ?

3ᵐᵉ SÉRIE : DIGNITÉ DE L'OUVRIER.

Dignité de l'ouvrier. Quels sont les meilleurs moyens de favoriser la restauration :

13° De la dignité domestique de l'ouvrier (dans la famille) ?

14° De sa dignité morale (conduite personnelle, avenir) ?

15° De sa dignité professionnelle (apprentissage, habileté dans le métier) ?

16° De sa dignité économique (économie, aisance, indépendance du commerce de détail) ?

17° De sa dignité sociale (dans la commune) ?

18° De sa dignité corporative (dans la restauration des corporations) ?

4ᵐᵉ SÉRIE : Défense de l'Ouvrier.

Résistance. Quel est votre jugement sur :

19° Les sociétés de résistance proprement dites ?

20° Les sociétés politiques (radicales, socialistes) ?

21° Les demandes constantes de réduction des heures du travail en même temps que d'élévation de salaire ?

22° L'entente à l'intérieur contre les patrons ?

23° L'entente internationale ?

24° Les Grèves ?

5ᵐᵉ SÉRIE : Dimanche.

25° Quels sont les bienfaits du repos du Dimanche pour l'âme ?

26° Pour le corps ?

27° Pour la famille ?

28° Pour les devoirs d'état ?

29° Quels sont les moyens à employer pour arriver à ce repos sans nuire à l'industrie ?

30° Y a-t-il dans votre contrée un arrêt le lundi après-midi. Cet arrêt n'est-il pas pernicieux et ne serait-il pas bien préférable s'il était reporté au samedi ?

6ᵐᵉ SÉRIE : PROSPÉRITÉ PROFESSIONNELLE.

Intérêts communs entre le patron et l'ouvrier ;

31° Dans le salaire ?

32° Dans la capacité professionnelle ?

33° Dans la protection de la santé de l'ouvrier.

34° Dans la moralité ?

35° Dans la prospérité de l'ouvrier (par l'épargne etc.) ?

36° Dans l'union des patrons et des ouvriers ?

7ᵐᵉ SÉRIE : PROSPÉRITÉ DES MÉTIERS.

Quelles sont vos idées :

37° Sur le rôle des assurances sur la vie ?

38° Sur le rôle des caisses de retraite ?

39° Sur le rôle des caisses de secours mutuels ?

40° Sur le rôle des sociétés de consommation dans la famille ?

41° Sur les syndicats mixtes et leur rôle dans l'atelier entre les ouvriers et les patrons ?

42° Sur le rétablissement des corporations ouvrières, leur rôle dans la famille et à l'atelier ?

8ᵐᵉ SÉRIE : SÉCURITÉ DE L'OUVRIER.

Quels moyens proposez-vous :

43° Pour remédier aux pertes de la famille, par les maladies, les décès, les accidents ?

44° Pour assurer la vie aux invalides, aux vieillards, aux orphelins ?

45° Pour aider et stimuler l'apprentissage dans les classes laborieuses ?

46° Pour remédier aux renvois brusques et sans délai ?

47° Pour remédier au chômage ?

48° Pour remédier à l'isolement des ouvriers et à la contagion des mauvaises doctrines ?

9ᵐᵉ SÉRIE : FAMILLE.

49° Les enfants sont-ils soumis à leurs parents ? jusqu'à quel âge ? quand les enfants gagnent beaucoup rendent-ils tout aux parents ?

50° Les enfants quittent-ils la famille avant le mariage ?

51° Les jeunes filles à l'atelier sont-elles mélangées aux jeunes gens ?

52° La vie de famille au foyer domestique a-t-elle à souffrir à cause du travail ?

53° Quels sont les moyens de remédier à ces maux divers ?

54° Comment la loi de Dieu est-elle la source de l'union de la famille ?

10ᵉ SÉRIE : Permanence des Engagements.

55° Les ouvriers restent-ils attachés au même établissement ? Sinon quelles en sont les causes ?

56° Quels sont les délais pour renvoyer un ouvrier ou pour que celui-ci quitte l'usine ?

57° Quels sont les moyens pour rétablir l'ancienne fidélité des ouvriers aux patrons et des patrons aux ouvriers ?

58° La corporation ne serait-elle pas un acheminement vers le résultat désiré ?

59° Pour atteindre ce but, quels caractères doit avoir la corporation ?

60° Comment ces caractères pourront-ils s'accorder avec la situation présente de l'industrie ?

11º SÉRIE : Cercle.

61º Quels sont les moyens de recruter les cercles et d'attirer les ouvriers habiles dans le métier ?

62º Comment en faire des associations propres à affermir la foi non-seulement au point de vue individuel mais au point de vue social ?

63º Comment en faire la source du bien-être moral et matériel de la famille ouvrière ?

64º Quel doit être le rôle de la femme de ménage dans les institutions économiques ? Quel doit être le rôle de l'ouvrier ?

65º Comment la religion rend-elle les institutions économiques prospères ? (En développant la confiance mutuelle et en établissant la charité là où la justice ne suffit pas pour unir les cœurs.)

66º Comment transformer le cercle en syndicat suivant la loi du 21 mars 1884 ?

12º SÉRIE : Caisses de secours mutuels.

67º Quelle loi générale détermine la cotisation des membres par rapport aux secours reçus ?

68º L'abonnement du médecin est-il préférable aux paiements par visite ?

69º Quel est le meilleur mode pour le pharmacien ?

70° Comment s'assurer qu'aucun malade ne reçoit plus que de droit?

71° Comment assurer les secours religieux en même temps que les secours matériels?

72° Quels services peut rendre une caisse de secours à la famille ?

13e SÉRIE : Exemples pratiques.

73° Quelles sont les institutions de la corporation du Val-des-Bois qui soient applicables :

A votre cercle?

A votre atelier?

A votre usine?

Etudier les moyens d'organiser :

74° Le service de santé ;

75° Les garde-malades ;

76° La société de secours mutuels ;

77° L'œuvre des Funérailles et des Messes pour les morts ;

78° Les soins des veuves et des orphelins ;

79° Une société de logement pour bâtir des logements pour les ouvriers ;

80° Une hôtellerie chrétienne pour les garçons sans famille ;

81° Une maison de famille pour les filles sans famille ;

82° L'assurance contre l'incendie à prix réduits ;

83° L'assurance sur la vie à prix réduits ;

84° L'assurance contre les accidents ;

85° Les consultations légales pour les difficultés de la vie civile ;

86° Les dots pour les mariages chrétiens ;

87° Un apprentissage moral et sérieux ;

88° Des concours et expositions pour stimuler l'habileté professionnelle ;

89° Des bureaux de placement chrétiens ;

90° Des arbitrages amiables ;

91° Des sociétés d'alimentation ;

92° Des ventes de vêtements ;

93° Des fournisseurs privilégiés ;

94° Boni corporatif ;

95° Economat domestique ;

96° Sociétés de consommation ;

97° Caisses d'épargne ;

98° Caisses de prévoyance ;

99° Caisses de prêts ;

100° Caisses corporatives ;

101° Comment les institutions économiques peuvent-elles fournir l'entretien matériel des Œuvres ?

102° Comment peuvent-elles fournir un revenu annuel à chaque famille ?

103° Comment peuvent-elles fournir un patrimoine corporatif ou bien commun ?

104° Comment peuvent-elles former les ouvriers au maniement des affaires et à une sage gestion de leur budget personnel ?

105° Quel est le rôle des mères de famille dans les institutions économiques ?

106° Comment le paiement comptant devient-il la source de l'épargne ?

107° Comment peut-on augmenter les salaires par les institutions économiques ?

108° De l'inanité des institutions économiques en dehors du sentiment religieux.

Zône d — — *Division d*

LOCALITÉS.		Membres du Comité et conseils de quartier.	Cercles.	Ateliers chrétiens.	Corporations.	Fêtes de Patrons d'états	Écoles professionnelles.	Associations professionnelles Syndicats.	Sociétés de secours-mutuels.	Protection du travail.
	A									
	A¹									
	B									
	B¹									
	C									
	C¹									
	D									
	D¹									
	A									
	A¹									
	B									
	B¹									
	C									
	C¹									
	D									
	D¹									
	A									
	A¹									
	B									
	B¹									
	C¹									
	C									
	D									
	D¹									

A. Nombre de fondations de l'Œuvre. — B. Fondations

Diocèse d __________

Placement.	Réunions agricoles, Syndicats	Arts et métiers ou associations de patrons	Réunions industrielles.	Petits Cercles ou patronages.	Apprentissage.	Concours et Expositions.	Œuvre du Catéchisme.	Dames patronnesses	Associations de mères ouvrières.	Associations de filles ouvrières.	
											A
											A¹
											B
											B¹
											C
											C¹
											D
											D¹
											A'
											A¹
											B
											B¹
											C
											C¹
											D
											D¹
											A
											A¹
											B
											B¹
											C
											C¹
											D
											D¹

chrétiennes en dehors de l'Œuvre. — C. Fondations indiffé-
dations hostiles — A¹ B¹ C¹ D¹ Nombre des membres.

<h1 align="center">4ᵉ TABLEAU C.</h1>

Zône d .. .. Division d

LOCALITÉS.		Caisse de famille.	Œuvre des funérailles.	Logements.	Assurances sur la vie.	Assurances accidents.	Consultations.	Soins des veuves et des orphelins	Société d'alimentation.	Fourneaux économiques.	Economat.
	A										
	B										
	C										
	D										
	A										
	B										
	C										
	D										
	A										
	B										
	C										
	D										
	A										
	B										
	C										
	D										
	A										
	B										
	C										
	D										

A. Nombre des fondations de l'Œuvre. — B. Fondations chré-

Vêtements.	Fournisseurs privilégiés	Boni corporatif.	Caisse corporative.	Patrimoine commun.	Hôtellerie chrétienne pour hommes.	Maison de famille pour filles.	Banque populaire.	Caisse de prêts.	Conférences de Saint-Vincent-de-Paul.			
												A
												B
												C
												D
												A
												B
												C
												D
												A
												B
												C
												D
												A
												B
												C
												D
												A
												B
												C
												D

tiennes en dehors de l'Œuvre. — C. Fondations indifférentes hostiles.

TABLE DES MATIÈRES.

TITRE VI.

ANNEXES.

Imp. coop. de Reims, rue Pluche, 24 (N. Monce, dél.)